◆印は不明確な年号、ころの意味です。

文化	世界の動き	西暦
		180
	280 晋、中国を統一	
300◆ 古墳がつくられはじめる		
420◆ 仁徳天皇陵		
538 仏教伝来		
596 法興寺できる		
601 聖徳太子、斑鳩宮をつくる		
	教開始	600
607 法隆寺建立	618 唐、成立	
	622 ムハンマド聖遷	
645 『天皇記』『国記』焼失		
669 藤原氏、山階寺創建	661 ウマイヤ朝成立	
670 法隆寺火災		
680 天武天皇、薬師寺建立を発願	676 新羅、朝鮮半島を統一	
698 薬師寺建立		
		700
708◆ 法隆寺再建		
712 『古事記』		
713 『風土記』	713 渤海朝おこる	
720 『日本書紀』		
726 行基、山崎の橋をつくる		
741 聖武天皇、国分寺・国分尼寺建立の詔		
751 『懐風藻』	751 フランク王国＝ピピン3世即位	
752 東大寺大仏完成		
754 唐僧鑑真、律宗を伝える	755 唐＝安史の乱	
759 唐招提寺建立		
760◆ 『万葉集』が編集される		
		780

目　次

聖徳太子	文・有吉忠行 絵・岩本暁顕	6
中大兄皇子	文・有吉忠行 絵・鮎川　万	20
卑弥呼	文 有吉忠行　絵 福田トシオ	34
仁徳天皇	文 有吉忠行　絵 福田トシオ	36
蘇我入鹿	文 有吉忠行　絵 福田トシオ	38
藤原鎌足	文 有吉忠行　絵 福田トシオ	40
額田王	文 有吉忠行　絵 福田トシオ	42
天武天皇	文 有吉忠行　絵 福田トシオ	44
柿本人麻呂	文 有吉忠行　絵 福田トシオ	46
太安万侶	文 有吉忠行　絵 福田トシオ	48
山上憶良	文 有吉忠行　絵 福田トシオ	50
行　基	文 有吉忠行　絵 福田トシオ	52
鑑　真	文 有吉忠行　絵 福田トシオ	54
阿倍仲麻呂	文 有吉忠行　絵 福田トシオ	56
吉備真備	文 有吉忠行　絵 福田トシオ	58
聖武天皇	文 有吉忠行　絵 福田トシオ	60
読書の手びき	文 子ども文化研究所	62

せかい伝記図書館　19

聖徳太子
中大兄皇子

いずみ書房

聖徳太子

(574—622)

大陸文化をとり入れて冠位、憲法を定め、仏教を広め、古代日本の扉を大きく開いた皇子。

● 14歳で父を亡くして

聖徳太子は、585年に第31代の天皇となった用明天皇の皇子として、574年に生まれ、生存中は厩戸皇子とよばれました。母が朝廷内の馬小屋にさしかかったときに生まれたので、そう名づけられたといわれています。また、キリストが馬小屋で生まれたという話から、それにならったのだ、というつたえもあります。でも、ほんとうのことはわかりません。

幼いころの太子は、4歳のときには1日に1000字の漢字をおぼえ、6歳をすぎると長いお経をすらすらと読んだという話が残っているほど、ものおぼえがよく、そのかしこさは、まわりの人たちをおどろかせました。

このころ、朝廷では、いちばん高い役人の位についていた蘇我氏と物部氏が、日本に仏教を広めることをめ

ぐって、にらみあっていました。
　紀元前シャカによってインドでおこった仏教は、太子が生まれる数十年まえに、朝鮮半島をとおって日本へつたわってきていました。ところが、これを国じゅうに広めようとする蘇我氏にたいして、日本は神の国だと信じる物部氏は、外国からわたってきた宗教など、まるで信仰しようとしなかったのです。
　太子が14歳のとき、父が亡くなりました。すると、つぎの天皇にはだれをたてるかについての意見のちがいから、日ごろのにらみあいがばく発して、ついに蘇我氏と物部氏ははげしく戦い、負けた物部氏はほろんでしま

いました。このとき太子は、母と血がつながっていた蘇我氏に味方をして、物部氏を討ちました。

物部氏がたおれて朝廷のなかの争いはしずまりました。

ところが、このとき蘇我氏をひきいていた馬子は、敵がいなくなったうえに、天皇と近いしんせきにあたるのをよいことにして、権力を思うままにふるうようになりました。そして、592年には、自分の気にいらない崇峻天皇を殺してしまいました。

馬子は、太子のおじです。19歳になっていた太子は、おじのだいたんなふるまいに、おどろいたにちがいありません。しかし、年若い皇子の身では、まわりのみにくい争いを、だまって見ているより、しかたがありませんでした。

● 20歳のときから天皇のかわりに

崇峻天皇のあとには、父のまえの敏達天皇の皇后であった炊屋姫が、第33代の天皇の位につきました。天皇の歴史のなかで初めての女帝、推古天皇です。しかし、それからわずか4か月ののちに、じっさいの国の政治は太子がつかさどるようになりました。

「厩戸皇子を皇太子として、国のことをすべてまかせる」

太子は、自分のおばにあたる推古天皇から、摂政とし

て、天皇のかわりに政治をおこなうように命じられたのです。
「国が栄えるように、力いっぱいやってみます」
　20歳になっていた太子は、国のなかだけではなく朝鮮や中国にも目をむけながら、むずかしい政治にとりくみはじめました。
　蘇我氏の勢力があまりにも強くて、やりにくいことが少なくありませんでしたが、自分の信じることを、ひとつひとつ進めていきました。
「人びとの心を清らかにして、平和な国をつくるために、もっと仏教を広めよう」

太子は、まず、自分から進んで難波の荒陵（大阪市天王寺区）に四天王寺を建て、いっぽう蘇我氏には大和飛鳥の真神原（奈良県明日香村）に飛鳥寺ともよばれる法興寺をつくらせながら、地方で勢力をもつ豪族たちにも寺を建てて仏をうやまうように、いいわたしました。

また、摂政となった２年ごに朝鮮の高句麗から日本へわたってきた僧の慧慈を先生とあおぎ、熱心に、仏教をおそわりました。

600年には、遣隋使を中国へおくりました。

朝廷は、そのころ朝鮮半島で勢力をのばしてきた新羅の国を攻めることを考えていましたが、慧慈から中国の隋が大国であることを聞いた太子は、新しい文化をとり入れるとどうじに、隋と手をむすんで新羅をおそれさせるために、遣隋使をおくったのです。

しかし、この新羅との戦いは、蘇我氏に大軍をひきいて海をわたらせても、太子の兄弟たちを大将にしてむかわせても、すべて失敗に終わってしまいました。

「新羅と戦うのは、もうやめよう。それよりも、国のみだれをただすことのほうが、やはりたいせつだ」

それからのちの太子は、外国へ兵をむけることはやめて、朝廷の政治をたてなおし、仏教を広めながら国の文化を高めることを、考えるようになりました。

●冠位の制度を作り憲法を定める

「天皇を中心にして、国のちつじょをととのえよう」

603年、30歳になった太子は、1大徳、2小徳、3大仁、4小仁、5大礼、6小礼、7大信、8小信、9大義、10小義、11大智、12小智という「冠位十二階」の制度を作りました。

このころ朝廷につかえるものには、たとえ実力はなくても家がらがよければ高い位があたえられていました。そしてその人たちのわがままなふるまいが、天皇中心の政治を進めていくのに大きなしょうがいになっていました。

そこで、家がらや親ゆずりの地位で権力をふるっている豪族たちの力を弱めるために、すぐれた人物であれば、だれでも高い位にとりたてられるように、新しい12階級の位を定めたのです。そして、新しく冠位をさずけた人たちには、位によってきめられた、むらさき、青、赤、黄、白、黒の服を身につけさせることにしました。
　外国の使者を日本にむかえたり、日本の使者を外国へ送ったりするときに、朝廷につかえる人びとの身なりをととのえておくことも、ひつようだったからです。
　太子は、外国の高い文化をとり入れるために、中国や朝鮮の国ぐにとまじわりを深めていくことを、つよく考えていました。
　冠位を定めたつぎの年、太子はさらに「十七条憲法」を作って貴族や豪族や役人たちにしめしました。高い位の役人の地位をにぎっている貴族や豪族たちが、かって気ままなことをしないように、そして、やはり天皇中心の政治がおこなわれるように、役人たちが守らなければならないことを定めたのです。
　〔役人は、おたがいに仲よくしなければならない。仏をうやまわなければならない。天皇のことばには、かならずしたがわなければならない。人びとのうったえをさばくときは、公平でなければならない。人間にはだれにも

心があることを忘れず、つねに、人の心をたいせつにして仕事をしなければならない。農民たちから、かってにみつぎものを取ってはならない。どんなに小さなことでも、みんなで話しあって正しいことをきめなければならない〕

憲法には、このようなことが17条にわけてかかげられ、これがしめされると役人たちは、自分のことばかり考える政治を、少しずつ、つつしむようになっていきました。

しかし、もっとも大きな権力をふるっていた蘇我氏は、蘇我氏だけはとくべつだといって、冠位の制度も、この憲法も守ろうとはせず、太子の苦ろうは、いつになってもたえそうにありませんでした。

●中国と対等のまじわり

「隋の国と、ほんとうのまじわりを深めて、中国の進んだ文化を、せっきょくてきにとり入れよう」

「十七条憲法」を作って3年めの607年、太子は、学者の小野妹子を、天皇の使者として隋へつかわしました。

「日いづるところの天子、日ぼっするところの天子に書をいたす。つつがなきや」

小野妹子は、天皇から隋の皇帝への、こんな書きだしの手紙を、たずさえていました。

ところが、この手紙を見た皇帝は、はじめは顔をまっかにして怒りました。

「けしからん、海のむこうの小さな島国のくせに、こんななまいきな手紙をよこすとは」

「東の国の天子から西の国の皇帝へ、手紙をさしあげます。おかわりはありませんか」という、友だちのようなことばが、自分の国が大きさも文化の高さも世界一だと思っていた皇帝には、気にくわなかったのです。

しかし、朝鮮半島の高句麗を征服することを考えていた皇帝は、せっかく使者がきたのなら、日本を味方にしておいたほうが得だとはんだんして、やがて小野妹子たちを、あたたかくむかえ入れました。そして、この隋の

国で、日本の若い僧たちを勉強させてほしいという、聖徳太子からのねがいも、快く聞き入れました。そのうえ、つぎの年に妹子が帰るとき、いっしょに、隋からの使者として裴世清を、日本へおくってきました。

妹子と裴世清から、皇帝のへんじと中国のすばらしさを聞いた太子は、その年のうちに、ふたたび妹子に海を越えさせました。そして、南淵請安、高向玄理、僧の旻など8人の学生や僧をしたがわせて、隋の国へ留学させました。

このとき妹子は、つぎの年に帰ってきました。しかし、留学生たちは、そのまま隋にとどまり、請安、玄理、旻

らが日本へもどってきたのは、20年も30年もあとのことでした。

3人が帰国してきたとき、太子は、すでにこの世にはいませんでした。でも、請安も玄理も旻も、中大兄皇子を助けて「大化の改新」に力をつくし「中国からすぐれたものをおおく学んできて、新しい国づくりにつくしてほしい」という太子のねがいを、りっぱに果たしました。

小野妹子のあと、遣隋使は、610年と614年にもおくられました。そして、618年に隋がほろんで唐の国がおこると、こんどは遣唐使がつづけられました。

太子は、遣隋使によって、日本と中国の対等のつきあいのとびらを、初めてひらいたのです。遣隋使も遣唐使もなく、また、留学生たちが中国から新しいものを学んでくることもなかったら、645年の「大化の改新」も、じつげんしなかったのかもしれません。

太子が中国とのつきあいを深めたことは、まだ眠っていたような古代日本をめざめさせるのに、大きな役割を果たしました。

● きずきあげた飛鳥文化

よその国のすぐれたところを、すこしでもたくさん学ぼうとした太子は、日本から中国へ留学生をおくるだけ

ではなく、朝鮮半島の高句麗や百済などからわたってきた、たくさんの僧たちをたいせつにして、日本の文化を高めることにも力をつくしました。海を越えてくる僧たちは、仏教についての深い知識のほかに、いろいろな進んだ学問を身につけ、さらに、すぐれた技術者を何人もしたがえてくることも少なくありませんでした。

　海を渡ってきたので、のちに渡来人とよばれるようになった人びとの、寺、仏ぞう、すみ、絵のぐ、紙、鉄、瓦、やきもの、織りものなどを作る技術は、それまでの日本人の技術よりも、どれもはるかにすぐれていました。

なかでも、この時代の寺と仏ぞうづくりに果たした渡来人たちの役割の大きさは、はかりしれないほどのものでした。
　この推古天皇のころを、国の都が飛鳥にあったことから、のちに飛鳥時代とよぶようになり、さらに、仏教を中心にして栄えた文化を、とくに飛鳥文化としてたたえるようになりましたが、これはすべて、渡来人たちの力があったからこそ、きずきあげられたものです。
　歴史に残る輝かしい文化をつくりあげたという、このひとつのことだけでも、聖徳太子の偉大さがわかります。
「農業を盛んにして、国をゆたかにしなければならない」
　心のなかでは、いつも国じゅうの貧しい人びとのことを考えていた太子は、池やみぞをたくさん掘らせて水をひき、田やはたけを広げることも進めました。
　野や山へ自分から進んででかけては、薬になる草をかり集め、病気に苦しむ人たちのために、いろいろな薬も作らせました。
　やがて、47歳になった太子は、それまでの朝廷の歴史をふりかえって『天皇記』や『国記』をまとめました。日本は、天皇中心の国でなければならないことを、書きとめておきたかったからです。
　しかし、それから２年ごの622年、母の穴穂部間人

太后と、きさきの膳大郎女がつづいて亡くなると、自分もあとを追うようにして、蘇我氏の権力をたちきることができないまま、48歳の生涯を終えてしまいました。
「どんなことでも悪いことはしてはいけません。よいことだけを、おこなうようにしなさい」
　これが、皇子やひめに残した、最期のことばでした。
仏教は広まっても、おおくの人びとは災難をのがれるためにいのることしか知りませんでしたが、太子は「人間はやさしく、正しく」という仏教のほんとうの教えを、さぐりあてていたのです。太子が亡くなった斑鳩の里には法隆寺が残り、五重塔がそびえています。

> # なかのおおえのおうじ
> # 中大兄皇子
> ## （626—671）
>
> 蘇我氏をほろぼし、「大化の改新」を進めて朝廷中心の国家をうちたてた、のちの天智天皇。

●殺された聖徳太子の皇子

中大兄皇子は、のちの天智天皇です。

推古天皇のあとの舒明天皇を父に、父の亡きあと皇極天皇となった宝皇女を母に、626年に生まれました。

皇子は長男でしたが、家には、豪族の蘇我氏と血のつながった、母親ちがいの兄の古人大兄皇子がいました。

父が亡くなり母が天皇になったのは、皇子が15歳のときでした。ところが、それから2年ののち、悲しいできごとが起こりました。

聖徳太子が亡くなって21年が過ぎた643年の11月、太子の子どもの山背大兄王のすむ斑鳩宮へ、蘇我入鹿の軍がおしよせました。

山背大兄王は、いちどは山のなかへ逃げました。しかし、入鹿軍が山へ攻めてくることがわかると、いさぎよ

く斑鳩宮へもどり、仏に手をあわせながら、妻や子どもたちといっしょに自害してしまいました。

　わがままな権力をふるいつづけていた蘇我氏は、自分たちにつごうのよい古人大兄皇子をつぎの天皇におしたてるために、おおくの人びとにしたわれている山背大兄王が、じゃまだったのです。

「なんて、ひどいことをするのだろう」

　山背大兄王の死を聞いた中大兄皇子は、入鹿をにくみ、すこしでも早く、蘇我氏をほろぼさなければならないと考えました。でも、わずか17歳の皇子には、朝廷を自分の思うままに動かす大豪族と戦う力など、まだありま

せんでした。

　それからまもなく、高い学問をおさめて朝廷につかえていた中臣鎌足と、心をうちとけあった皇子は、鎌足も蘇我氏を心からにくんでいることを知りました。
「蘇我氏をしりぞけ、天皇を中心にした政治がおこなわれるようにしなければならない」
　国のことを気づかう皇子と鎌足の心は、ひとつにむすびつき、いつかきっと、蘇我氏を討つことをちかいあいました。

●宮中で蘇我入鹿を討つ

　645年、皇子と鎌足は、蘇我入鹿を暗殺してしまうことをきめました。
「宮中で、朝鮮からきた高句麗、百済、新羅の使者をむかえる儀式がおこなわれる最中に、入鹿の首をはねてしまえ」
　いよいよ、その儀式がおこなわれる日、皇子たちは宮中の道化役者にじょうずにうそをつかせて、儀式にやってきた入鹿から、まず刀をとりあげました。そして、宮中の門をすべて閉ざしてしまいました。
　やがて、使者が持ってきた天皇への手紙を、皇子のきさきの父にあたる石川麻呂が読み始めました。

　計画(けいかく)は、この手紙(てがみ)が読(よ)まれているあいだに、ふたりの若者(わかもの)が入鹿(いるか)にきりかかることになっていました。しかし、手紙(てがみ)が終(お)わりちかくになっても、だれもとびだしてくる気配(けはい)がありません。いざとなったらおじけづいてしまったのです。計画(けいかく)を知(し)っていた石川麻呂(いしかわまろ)の手紙(てがみ)をもった手(て)がふるえ始(はじ)めました。

「これは、おかしい」

　頭(あたま)のきれる入鹿(いるか)は、なにかたくらみがあるのに気(き)がつきました。しかし、そのときはもうおそく、柱(はしら)のかげからとびだした中大兄皇子(なかのおおえのおうじ)が、あわてふためく入鹿(いるか)にきりつけていました。

「わたしが、何をしたというのでしょうか」

入鹿は、苦しい声で、天皇に助けをもとめました。すると皇子は「入鹿は自分が天皇になろうとしています」とさけび、つづけて若者に入鹿を殺させてしまいました。

蘇我氏の屋敷には、入鹿の父の蝦夷がいました。

わが子の死を聞いた蝦夷は、兵を集めて立ちあがろうとしました。しかし、蘇我氏をにくんでいた豪族たちが皇子の味方になっていることを知ると、とてもかなわないとみて戦うことをあきらめ、入鹿が暗殺されたよく日、家に火を放って自殺してしまいました。

大きな勢力をもっていた蘇我氏は、ついにほろび、朝廷の政治をみだすものはいなくなりました。

「これで思いきって政治を進めることができる」

皇子と鎌足は、手をとりあうようにして、長いあいだ朝廷を苦しめてきたものを取りのぞくことができたことを、よろこびあいました。このとき皇子は19歳、鎌足は31歳でした。

● 20歳でうちだした「大化の改新」

蘇我氏がほろびると、女帝の皇極天皇はしりぞき、女帝の弟の軽皇子が孝徳天皇になりました。

ほんとうは、中大兄皇子が天皇になってもよいはずで

したが、上には古人大兄皇子もいたので自分は皇太子となり、新しい政治にとりくむようになりました。

皇子は、まず、645年を大化元年と定め、都を、それまでの飛鳥から難波（いまの大阪市）へ移しました。そして、つぎの年の正月、歴史に残る「大化の改新」の4つの方針を発表しました。

第1に、天皇や豪族たちがもっていた土地や支配していた人民は、すべて国家のものとする。

第2に、全国をいくつもの国に、国のなかをさらに郡、里にわけ、それぞれに役人をおいて政治を進める。

第3に、すべての国民の戸籍を作り、6歳以上のもの

に国が土地をわりあて、死ねば返させるようにする。そしてそれぞれの土地の広さにあわせて、稲をおさめることを決め、これを租という税としておさめさせる。

第4に、新しい税の制度を定め、国民に、稲のほか布や鉄など地方でとれる産物も、税としておさめさせるようにする。

新しい国家をつくるための、この4つの考えは、隋のあとに中国で栄えていた唐の国の政治にならったものでした。ひとくちでいえば、国の権力をすべて天皇のもとに集める、というのが、皇子や鎌足が心からねがったことでした。

しかし、この新しい政治を実行していくことは、なかなかたいへんなことでした。とくに、自分が支配していた土地をとりあげられた豪族たちには、かわりに高い位の役人にとりたてられても不満をいだくものが、少なくありませんでした。

そして、地方でも朝廷でも「大化の改新」にさんせいするものと反対するものが、しだいににらみあうようになっていきました。

そのうえ、皇子は、654年に孝徳天皇が亡くなって、皇極天皇だった自分の母がもういちど即位して、斉明天皇となったころから、農民たちにも、ためいきをつかせ

　るようになってしまいました。
　宮殿を建てるときや運河をつくるときに、はたけしごとがいそがしい農民たちを、朝廷のめいれいでかりだしたからです。
　658年には「皇子にはむかおうとしています」という、うそのつげ口を信用して、孝徳天皇の子どもの有馬皇子を殺してしまう事件も起こり、中大兄皇子はますます苦しい立場に追いこまれてしまいました。
「役人や豪族や農民たちの不満をとりのぞかなければだめだ。それには、いったいどうしたらよいのだろう」
　皇子は、くらい顔をして考えこむようになりました。

●失敗に終わった朝鮮での戦い

　皇子には、国のなかのことだけではなく、海のむこうの朝鮮半島にも、気がかりなことが起こりました。
　そのころ、朝鮮半島では、百済、新羅、高句麗の3つの国が争いをくり返していましたが、659年に百済が新羅に攻めこむと、新羅は、中国の唐に助けをもとめました。すると、唐は新羅に味方して大軍をだし、百済をうちやぶってしまいました。ところが、生き残った百済の武将たちは、もういちど国をたてなおすために、日本におうえんをたのんできました。
「唐を敵にまわして勝つことができるだろうか」
　斉明天皇と皇子は、すこし、とまどいました。でも、日本といちばん仲がよかった百済がほろぼされてしまえば、日本も、あぶなくなってしまうかもしれません。
「よし、できるだけの兵をおくって百済を助けよう」
　661年の春、天皇は女帝ながら、皇子とともに大軍をひきいて九州の博多へむかいました。ところが天皇は、博多の近くで病気にかかり、亡くなってしまいました。
「都をはなれた九州で母を死なせてしまうなんて」
　皇子は、2度も天皇をつとめた母の死を悲しみました。
　やがて日本軍は、数百せきの船で百済へわたり、唐軍

との戦いを始めました。しかし、663年の8月、百済の西海岸の白村江で唐と新羅の海軍と戦った日本軍は、すっかりやぶれ、百済もほろびてしまいました。
「唐や新羅の軍が、いつ日本に攻めてくるかもしれない」
　戦いに負けて都へ帰ってきた皇子は、朝鮮と中国のことがますます心配になるばかりか、戦いにひっぱりだされた豪族たちからは、うらまれるようになり、あらためて国の政治を考えなおさなければなりませんでした。

●全国民の戸籍を作る

「国を守ることが、まず、なによりもたいせつだ」

皇子と鎌足は、貧しい農民たちに手をさしのべる政治は、ひとまずやめて、豪族たちの不満をとりのぞくことを考えました。「大化の改新」でいちどとりあげた土地を返し、さらに、聖徳太子が作った12階の役人の冠位をふやして、できるだけおおくの豪族を役人にとりたてるようにしました。唐や新羅に攻めてこられたとき、強い兵士の力がひつようだったからです。
　つぎには、朝鮮にいちばん近い北九州に城をきずき、防人という兵士をそなえました。そして、都も、海からおそってきた敵にすぐ攻めこまれないように、近江（いまの滋賀県）へ移し、668年、すでに42歳になっていた皇子は天智天皇と名のって、天皇の位につきました。
　幸いに、唐の軍隊も新羅の兵も攻めてきませんでした。攻めてくるどころか、唐も新羅も日本と仲よくするために使者をよこし、皇子が天皇の位についたときには、日本からも遣唐使をおくるほどになっていました。
「これで、国内の政治に力を入れることができる」
　天智天皇は、ふたたび「大化の改新」のときの心にもどって、国をととのえるしごとにとりくみ始めました。
　まず、政治の進めかたをきめた「近江令」を作り、つぎには、国民ぜんぶの戸籍づくりにとりかかりました。
「近江令」を定めたつぎの年に、いっしょに「大化の改

こせき作り

　新」を進めてきた鎌足が亡くなっていましたが、天智天皇はくじけずに、戸籍のちょうさをつづけました。国の力をつかむためにも、農民に土地をわりあてたり国民から税をとりたてたりするしごとを、正しくおこなうためにも、国民のじったいを明らかにしておくことが、なによりもたいせつだったからです。

　なにもかもふべんな時代に、日本に住むすべての人びとのことをしらべるしごとは、たいへんだったにちがいありません。中国から紙の作りかたがつたわってきて、まだ50年ほどしかたっていませんでしたから、国じゅうの人の戸籍を書く紙を集めることさえ、大しごとだっ

たといわれています。
　日本で初めての国全体の戸籍は、670年、豪族や役人たちの協力で、みごとにできあがりました。

●ひきつがれた皇子の意志

　671年、天智天皇は「近江令」の定めにしたがって太政大臣、左大臣、右大臣などを新しくおき、朝廷のすがたもととのえました。最高の位の太政大臣には、わが子の大友皇子をすえました。自分のあとの天皇の地位は子どもにゆずりたい、と考えたからです。
　しかし、心配なことが起こりました。自分こそつぎの天皇だと考えていた、天智天皇の弟の大海人皇子が、おこってしまったのです。
　天皇は、わが子と弟が、争いを起こさないことをねがいました。
　ところが、その年の10月、兄の気持ちを知った大海人皇子は、僧になってしまいました。そして、それから2か月ご、天智天皇は、45歳の生涯をとじてしまいました。
　天智天皇のねがいどおり、大友皇子がつぎの天皇の位につきました。でも、天皇の地位をめぐる争いは、これで終わったのではありません。
　つぎの年の夏には、大海人皇子が兵を集めて立ちあが

り、大友皇子をあっけなく自害させて、天武天皇となりました。

　天智天皇は、戸籍は作ったものの、中大兄皇子のときにうちだした「大化の改新」のしごとは、まだまだ、たくさんやり残していました。しかし、日本をいろいろな制度のととのった国にしようというこころざしは、弟の天武天皇にも、そのあとにつづく天皇にも、ひきつがれていきました。

　わずか20歳のときに「大化の改新」をうちだした中大兄皇子の勇気は、いまも、日本の歴史のなかでひときわ光り輝いています。

33

卑弥呼 (？—247ころ)

　卑弥呼は、聖徳太子が生まれるよりも300年以上もまえの3世紀ころ、邪馬台国を治めていた女王です。
　このころの日本の歴史を文字で正しく伝えたものは、日本にはありません。ところが、中国の『三国志』という本の「魏志倭人伝」の部分に、卑弥呼のことが書き残されています。
　「倭人伝」によると、卑弥呼は、始めは神につかえる巫女でしたが、やがて邪馬台国の女王としてあおがれ、そのころ倭の国とよばれていた日本のなかの、29の小国を支配するようになりました。
　女王の卑弥呼は、1000人もの女のどれいにつきそわれて宮殿の奥ふかくにすみ、めったに、すがたを見せませんでした。いつも宮殿の奥で神に祈りをささげ、神のおつげを人びとに伝えて国を治めていました。弟が、卑弥呼をたすけて、神のおつげにしたがって政治をおこなっていたということです。
　科学も文明もまったく発達していなかった時代の人びとは、すべてのことを神にすがって生きていました。だから、すぐれた巫女の力をもっていた卑弥呼を女王に選び、卑弥呼の命令を神のことばだと信じて、国の政治をすすめていたのです。
　239年に卑弥呼は、中国の魏の国へ使者をつかわし、友好のしるしにみつぎものをささげました。すると、おおいによろこんだ魏の明帝は、卑弥呼に、親魏倭王の名をあたえて金印をさずけ、さらに、返礼の使者を日本におくってきました。
　3世紀ころの中国の歴史をまとめた『三国志』に、邪馬台国と卑弥呼のことがしるされることになったのは、こうして、邪

馬台国と魏の国とのまじわりが始められたからです。
　卑弥呼は、247年ごろ亡くなったといわれています。生まれたときが不明ですから死亡のときの年齢もわかりません。「倭人伝」の記録では、女王のなきがらは、大きな墓にほうむられ、その墓には、100人あまりのどれいが生きうめにされたといわれています。
　邪馬台国は、卑弥呼が死んだあと男子が王になりました。ところが、どうしたことか、国内はたちまちみだれてしまいました。そこで、13歳の少女を女王にたてると、国は、あらしがやむように、ふたたび平和にもどったということです。
　邪馬台国は、いったい日本のどこにあったのか、それは、中国の歴史書でも、日本の歴史学者の研究でも、まだわかりません。いまの奈良地方、あるいは北九州地方などにあったといわれていますが、ほんとうのことは、不明です。

仁徳天皇（生没年不明）

　大阪府堺市に、前の方は四角でうしろの方は円く、全体の長さが486メートル、前方の幅が306メートル、そのまわりに堀をめぐらした、前方後円墳とよばれる日本最大の墓があります。1日に1000人ずつはたらいたとしても、完成までには、4年以上かかったにちがいないといわれる、仁徳天皇陵です。

　しかし、この陵が、まちがいなく仁徳天皇の墓であるかどうかは、まだ完全にはわかっていません。それは、陵の中心部のことがまだ明らかにされていないうえに、仁徳天皇の生まれた年や亡くなった時代が、はっきりしていないからです。

　のちに天皇の命令によって書かれた『日本書紀』によると、仁徳天皇は第16代めの天皇にあたるといわれています。父は応神天皇、母は仲姫命です。

　仁徳天皇は、たいへん慈悲ぶかい人だったといわれ、つぎのような話が伝わっています。

　あるとき天皇は、難波（大阪）に建てた宮殿の高いところから、人びとの暮らしをながめました。ところが、食事のしたくをする時刻だというのに、人びとの家からは煙がたちのぼっていません。これを見た天皇は、人びとは貧しくて煮たきしたものをたべることもできないのだろうと考え、それからのち3年のあいだ、けらいに命じて人民から税をとることをやめさせたというのです。

　でもこれは、天皇の徳をたたえるために、のちにつくられた話だろうといわれています。

　しかし、農業を盛んにするためには力をつくし、淀川に茨田

堤とよばれる堤防をきずいて、川水のはんらんをふせぎ、河内（大阪）平野を広げたと伝えられています。
　また、大陸の文化を進んでとり入れることを心がけた天皇は、中国の東晋や宋の国に、何度も使者をおくったようです。そのころの中国の歴史書に、倭王がみつぎ物を持たせた使者をおくってきたことがしるされ、その倭王のひとりが仁徳天皇ではないかと考えられています。天皇というよびかたは6世紀ごろ生まれたのであり、仁徳天皇のころは、ほんとうは天皇ではなく倭（日本）の国の王だったのです。
　堺市の陵は、天皇が亡くなってからではなく、生きているうちから作られたものですが、これは、王だった天皇が、豪族をおさえた支配者の威力を示すためのものでした。しかし、慈悲ぶかいはずの天皇が、自分の墓を作るのにどうしておおくの人民を苦しめたのか、このことは疑問です。

蘇我入鹿（？—645）

蘇我氏は、大和地方（いまの奈良県）の豪族です。広い土地を所有して勢力をのばし、入鹿の時代には、天皇をあやつり、国の政治を自分たちの思うままに動かすほどになっていました。

入鹿の父の蝦夷も、祖父の馬子も、それぞれ大臣という最高の位について、何代も天皇につかえてきました。そして、馬子や、そのまた父の蘇我稲目などは、日本に仏教をうけ入れることに力をつくし、古代日本の文化の発展に大きな役割を果たしました。

ところが、稲目の時代に、自分の娘と天皇のあいだにふたりの皇子とひとりの皇女が生まれ、やがて、その皇子が用明、崇峻天皇に、皇女が推古天皇になると、天皇の即位に口だしするだけではなく、じゃまな天皇や皇子は殺してしまうようにさえなってしまいました。蘇我氏の血すじをひいたものを天皇にしたほうが、自分たちにつごうがよかったからです。

とくに、豪族の力を弱め、天皇を中心として国の政治をととのえようとした聖徳太子が亡くなると、蝦夷と入鹿のわがままはますますひどくなりました。

生きているあいだに自分たち親子の大きな墓をつくり、天皇の墓と同じように陵と名づけました。また、入鹿は、ほんとうは天皇からさずけられる大臣の位を、父から勝手にゆずりうけてしまいました。さらに、甘樫の岡には、きらびやかな家を建て、これを宮門とよばせたということです。

そのうえ643年には、皇極天皇のつぎの天皇に蘇我氏とつながりのある古人大兄皇子をたてることを考え、じゃまになる

聖徳太子の皇子の山背大兄王を、討ちほろぼしてしまいました。
「入鹿は、旻という僧から高い学問を学んでいるのに、どうして人の道からはずれたようなことばかりするのだ」
　まわりの豪族たちは、だれもが蘇我氏をにくむようになりました。しかし、権力をおそれて、入鹿を討とうとするものは、だれもいませんでした。天皇でさえ、きびしくしかろうとはしませんでした。
　ところが、それから２年ののち、入鹿は、あっけなく身をほろぼしてしまいました。のちに天智天皇となった中大兄皇子に、宮中の皇極天皇の前で、いのちをうばわれてしまったのです。そして、父の蝦夷も宮門に火を放って死にはて、大きな勢力をもった蘇我氏はほろんでしまいました。
　入鹿の死によって、中大兄皇子の「大化の改新」が始まり、日本は、天皇中心の統一国家へと歩みだしました。

藤原鎌足 (614—669)

藤原鎌足は、もとは中臣鎌足といいました。
聖徳太子が40歳だった614年に、大和国（奈良県）で生まれました。中臣氏は先祖から、朝廷の神のまつりをつかさどってきた家がらでした。

鎌足は、幼いころから学問にはげみ、19歳になると、中国の留学からもどってきた僧の旻のもとで、海のむこうの国ぐにのすぐれた文化を学び始めました。そして、政治についても新しい知識を深めていくうちに、日本の政治を正しく進めていくためには、そのころ天皇以上に権力をふりまわしていた蘇我氏をたおさなければならない、と考えるようになりました。

しかし、朝廷につかえてはいても自分の力だけでは、どうにもなりません。

「同じ考えをもつ身分の高い人と力をあわせなければだめだ。皇子の中大兄さまが立ちあがってくだされればよいのだが」

鎌足は、かしこくて勇気のある中大兄皇子に近づくことを考えました。

やがて、皇子とことばをかわせる日がきました。

法興寺（飛鳥寺）という寺で、けまりの会が開かれた日のことです。皇子がまりをけったはずみに、くつがぬげてとんでしまいました。このとき、そのかたわらに鎌足がいたのです。

鎌足は、くつをひろうと、自分の名をなのりながら、皇子にさしだしました。すると心が通じあい、それからのちふたりは、いっしょに勉強しながら、蘇我氏を討つことを話しあうようになりました。これは『日本書紀』に書かれている話です。

「朝鮮からの使者がきたときに、蘇我入鹿を宮中で殺そう」
　計画はできあがりました。そして、645年、ふだんはでてこないのに、朝鮮からの使者の、みやげものを受けとりにでてきた入鹿を、あっというまに討ちとってしまいました。
　蘇我氏はほろび、鎌足は、斉明天皇の皇太子として国の政治を進めるようになった中大兄皇子を助けて、「大化の改新」に力をつくしました。鎌足は皇子よりも12歳上でしたが、ふたりは身分はちがっても、心のなかは兄弟のように結びついていたのかもしれません。
　668年に皇子が天智天皇となったつぎの年に、鎌足は、天皇から大職冠という最高の位と藤原という姓をさずけられて、55歳の生涯を終えました。日本の歴史の中で1000年以上もつづいた藤原氏は、このときに始まったのです。
　鎌足はいま、奈良県桜井市の談山神社にまつられています。

額田王 (生没年不明)

　日本で最も古い歌集に『万葉集』とよばれるものがあります。約4500首の和歌を、20巻にまとめたものです。歌がよまれた時代は、わかっているだけでも、4世紀の仁徳天皇から8世紀の淳仁天皇の時代まで、およそ450年間にわたっています。
　天皇、皇族、貴族、役人、兵士、農民、漁師、それに、家も仕事もない貧しい人など、さまざまな人びとの歌が選び集められました。編集したのがだれであるか、くわしいことはわかっていませんが、短い歌や長い歌をとおして、むかしの日本人の心が生き生きと伝えられています。
　額田王は、この『万葉集』の歌をよんだ人のうち、女性を代表する、7世紀後半の歌人です。生まれた年、死んだ年はわかりません。生まれたところも大和国（奈良県）か近江国（滋賀県）か、はっきりしていません。
　すぐれた才能をもっていた額田王は、神のお告げを伝える巫女だったといわれていますが、朝廷につかえるうちに、はじめは大海人皇子（のちの天武天皇）に愛され、のちには天智天皇の妃になりました。
　661年、新羅に攻められて困っている百済の国を助けるために、天皇みずからが立ちあがって朝鮮へ兵を送ろうとしましたが、そのなかに、額田王も加わっていました。そして、船が伊予国（愛媛県）の熟田津（松山市付近の港）でひと休みしたときのこと、額田王は、こんな歌をよみました。

　　熟田津に船乗りせむと月待てば
　　　　　　　潮もかなひぬいまは漕ぎ出でな

　(熟田津の港で、船をだそうと月の出を待っていたら、明るい月の光に海面が輝き始めて、潮も満ちてきた。さあ、いっせいに広い海へ出発しよう)という、雄大な歌です。
　額田王は、そののちも、天皇のお供をして旅や狩りにでかけては、たくさんの歌をよみました。また、宮廷では、美しい歌を作って天皇にささげました。
　『万葉集』には、額田王の歌は、短歌が9首、長歌が3首おさめられています。でも、ほんとうは、天皇の名でよまれた歌のなかにも、額田王の作ったものがあるのだろう、といわれています。
　自分の心を自分のことばで、しかも格調高くうたいあげた額田王の歌は、ひとりひとりの歌人が個性のある自分の歌を作るきっかけをつくり、そのごの万葉の歌に、大きなえいきょうをあたえました。

天武天皇（？—686）

 天智天皇が亡くなって、つぎの年の672年6月、朝廷のなかが2つに分かれて、はげしい戦いが始まりました。のちに、壬申の乱とよばれるようになった戦いです。
 天智天皇のあとには、天皇の子どもの大友皇子が即位することになりました。ところが、天皇の位をねらっていた、天智天皇の弟の大海人皇子が、おいの大友皇子を討つ兵をあげたのです。
 役人も豪族たちも、2つに分かれ、戦いは、およそ1か月つづきました。そして、大海人皇子の軍が近江（滋賀県）の大津京をうちやぶり、大友皇子を、自害させてしまいました。
 この大海人皇子が、第40代の天皇の天武天皇です。
「朝廷の力を固めて、しっかりした国家をきずこう」
 天武天皇は、力で天皇の位をうばいはしましたが、天皇中心の国家をねがっていた天智天皇の心は、そのまま、ひきつぎました。
 国の都を近江から飛鳥（奈良県）へ移すと、唐の国の「律令」にならった制度をとり入れて、まず、朝廷の官位の制度を改め、太政大臣、左大臣、右大臣などはおかずに、皇族中心の政治をおこなうようにしました。また、のちには、天皇に心からしたがう豪族には朝臣、宿禰、忌寸などの姓をあたえて、朝廷にそむかせないようにしました。
 土地はすべて国のものとするという「大化の改新」の方針をつらぬき、天智天皇が豪族たちに返していた土地を、ふたたび朝廷にとりあげました。そのうえ、豪族たちに命じて国を守る兵の力を強めさせ、天皇の権力で国をおさめる政治を、ますま

す、おし進めていきました。
　日本は天皇を中心にして栄えてきたことを、歴史に残すために、682年ころから、国史をまとめるしごとにもとりかかりました。しかし、この大しごとは、それから4年のちに天皇が亡くなるまでには、完成しませんでした。でも、これがもとになって、やがて奈良時代に『古事記』と『日本書紀』がつくりあげられ、古代日本のさまざまなすがたが明らかにされました。
　天武天皇は、国をひとつにまとめるために、さまざまな制度を定めて、まわりの人びとがおそれるほど天皇の権力をふるいました。しかし、そのおかげで、やがて日本は、はなやかな奈良時代へとひらけていきました。天皇の死ご、第3皇子の大津皇子は、天皇の位をねらうむほんを起こした疑いで捕えられ、自殺しました。天武天皇が、大友皇子を自害させたことを思うと、ひにくな運命というより、しかたがありません。

柿本人麻呂（生没年不明）

柿本人麻呂は『万葉集』最高の歌人です。しかし、額田王と同じように、生まれた年も亡くなった年もわからず、その生涯は『万葉集』の歌からおしはかるよりしかたがありません。

7世紀の終わりから8世紀のはじめにかけて、天武、持統、文武の3人の天皇につかえた人麻呂は、よろこびの歌、悲しみの歌、なぐさめの歌などをつくって天皇や神にささげる、宮廷歌人のひとりだったのだろうと伝えられています。それも、あまり身分の高くない宮廷歌人だったようです。

人麻呂は、天皇を敬う歌や、天皇中心の国家をたたえる歌をおおく作りましたが、とくにすぐれていたのは、皇族の死を悲しんでつくった挽歌でした。686年から696年までのあいだに、大津皇子、草壁皇子、高市皇子という、天武天皇の3人の皇子の死を次つぎにみてきた人麻呂は、人間のいのちのはかなさを、だれよりも深く感じました。そして、宮廷歌人のしごととしてではなく、死をおそれるすなおなひとりの人間として、悲しみがほとばしる挽歌を作ったのです。

人麻呂はさらに、たとえ死者との別れではなくても、めぐりあった人との別れを心から惜しみ、人を恋いしたう相聞歌も、すぐれたものをたくさん作りました。

　小竹の葉はみ山もさやに乱れども
　　　　　われは妹おもふ別れ来ぬれば

（山道を歩いて行くと、吹きぬけていく風のなかで、ささの葉が音をたててさわいでいるけれども、わたしは、ただひたすらに、別れてきた妻のことだけを思いつづけている）という、こ

の歌には、旅にでた人麻呂が、家にひとり残してきた妻を思うやさしさにあふれています。

人麻呂は、40歳をすぎたころから役人として山陰や九州へ旅をするようになり、やがて、石見国（島根県）で奈良の都をしのびながら、さみしく世を去ったということです。50歳くらいだったのだろうといわれています。

『万葉集』におさめられている人麻呂の歌は、70首ちかい短歌と18首の長歌ですが、このほかに『人麻呂歌集』の歌として出されているものが数百首あります。とくに長歌に、深い感情のこもった名歌がおおく、また、五七音をくりかえし、さいごを五七七と結び、反歌をそえるという長歌の形は、人麻呂によって完成されました。

人麻呂は、ものを深くみつめて、心の底からわきでた美しいことばで、万葉の世界をきずきあげたのです。

太 安万侶 (?—723)

　日本で最も古い歴史書のひとつに『古事記』とよばれるものがあります。奈良時代にまとめられたものです。

　上・中・下の3巻に分かれ、上巻では、日本に天皇が現われるいぜんの神代のことがしるされています。中・下巻では、第1代の神武天皇から、第33代の推古天皇までの、天皇の歴史や国づくりの物語がつづられています。

　「天皇を中心にした国家を建設していくためには、天皇の流れを明らかにして、日本は天皇の国であるということを、はっきりさせておかなければいけない」

　『古事記』は、このような目的で、朝廷の力で作られました。歴史の本ではあっても、香り高い文学の味わいをもっています。

　太安万侶は、この『古事記』をまとめた、奈良時代初めの学者です。若いころから朝廷につかえ、正五位から、のちには民部卿という高い官位についていました。

　『古事記』は、太安万侶がまとめたとはいっても、安万侶ひとりの力でできあがったのではありません。

　それよりも、およそ30年まえに、天武天皇は、朝廷につかえていた稗田阿礼という役人に、天皇のことを伝える古い資料を読ませて、それをもとに歴史の本を作ろうとしました。ところが、天皇は願いを果たさないうちに亡くなり、そのご、このしごとは、つぎの持統天皇のときも文武天皇のときも、そのままになっていました。

　安万侶は、女帝の元明天皇の時代に、天皇の命令でこのしごとをひきつぎ、阿礼の読みおぼえたことを整理して、712年に、

3冊の歴史の本にまとめ、朝廷に献上したのです。
　『古事記』は、そのころの政治の目的で、歴史がゆがめられたところや、かざられたところが、少なくありません。しかし、古代の日本のすがたを知るには、かけがえのない本です。
　安万侶は、年をとってからは、全部で30巻の『日本書紀』を著わすしごとにも加わり723年に世を去りました。2つの歴史書の完成に力をつくしたことをのぞくと、安万侶の生涯についてのくわしいことは、何もわかりません。
　安万侶の死ご1200年以上すぎた1979年に、奈良市で、安万侶の墓誌が発見されて、日本の歴史学者のあいだで大さわぎになりました。これほど有名な人の、これほど古い墓が見つかったのは、初めてだったからです。それまで、太安万侶はほんとうにいた人ではないのではないか、という説もありましたが、その疑いは、いちどに吹きとんでしまいました。

山上憶良 (660—733 ころ)

660年に生まれた山上憶良は、『万葉集』に70数首の歌を残している、奈良時代の初めのころの歌人です。

憶良は、宮廷につかえていました。しかし、古くから権力をふるってきた豪族たちにくらべると、山上氏があまり伝統のある家がらではなかったため、役人としてはいつまでも出世しませんでした。

日本の歴史のなかに憶良の名まえが初めてしるされたのは、42歳のときに、天皇が中国の唐の国へ使者を送る遣唐使のひとりにえらばれたときです。でも、まだ官位はなにもなく、学問の深さがみこまれて使節の書記を命じられただけのことでした。

数年で唐から帰国すると、憶良の力はやっとみとめられるようになり、54歳のときに従五位下の官位があたえられ、2年ごには伯耆国（鳥取県）の国守に任じられました。

61歳で、いちど都へもどり、そのころ皇太子だった、のちの聖武天皇に学問を教えました。ところが、66歳になったときに、こんどは筑前国（福岡県）の国守に任じられ、ふたたび都をあとにしました。そして、この筑前で、歌人としてもすぐれていた大宰帥の長官、大伴旅人と親しく交わりをもつようになりました。

憶良が歌をたくさん作るようになったのは、このころからです。年老いて都を遠くはなれた身が、さみしくてしかたがなかったのかもしれません。

出世がおそくて苦しい生活をつづけてきた憶良は、筑前の野を歩いては、土にまみれた農民たちに心を寄せ、貧しい人びとの苦しみや悲しみを歌にしました。また、いつも家ぞくを心か

ら愛しつづけ、わが子を思う親の心を、美しいことばでうたいあげました。

　　すべもなく苦しくあれば出で走り
　　　　　去ななと思へど子らに障りぬ
（苦しさのあまり、家を出てどこかへ行ってしまおうかと思うけれど、子どもたちのことを思うと、そんなこともできない）
　という、この歌には、憶良のわが子への深い愛情が、やさしくたたみこまれています。
　庶民の貧しいくらしに心を寄せた憶良は『貧窮問答の歌』という長歌も残し、72歳でやっと奈良の都へ帰ったのち、ひっそりと死んでしまいました。
　憶良は、のちに、人生詩人といわれるようになりました。はなやかなことには何ひとつ目を向けず、人間のよろこびや苦しみだけを、うたいつづけたのです。

行基 (668—749)

　奈良時代に、日本で初めて朝廷から大僧正という高い位をさずけられた行基は、渡来人の子孫だといわれています。
　668年に河内国（いまの大阪府）で生まれ、15歳で、奈良の薬師寺に入って僧になりました。
　母に孝行をつくしながら長い修業をつみ、42歳のときに母を失ってからは寺をでて町や村をあるき、貧しい人びとに仏の教えを説いてまわりました。また、口で教えを説くだけではなく、自分が先に立ってはたらき、田の水がたりなくて困っている農民や水害に苦しんでいる人びとのために、池やみぞを掘り、道を作り、土手をきずき、橋をかけました。布施屋という無料の宿泊所を建てて、家のない人たちにも、あたたかい手をさしのべました。
「心のやさしい、生き仏さまだ」
　そまつな黒い衣を身につけた行基を、だれもが心からうやまい、仏の教えが聞けるときには、数千人もの人たちが集まるようになりました。
　ところが、朝廷は「生き仏さま」を「こじきぼうず」とよんでにくみ、やがては、行基が寺のそとで仏教をひろめるのをきびしくとがめるようになりました。
　そのころは、人びとの苦しみをすくうことよりも、国のためにいのることが仏教の役目だったからです。
　しかし、行基は、どのようにとがめられても、貧しい人びとのためにつくすことを、やめようとはしませんでした。
　743年、さまざまな国のみだれに心をいためていた聖武天

皇は、奈良の金鐘寺（東大寺の前の名まえ）に大仏を作って、国の平和をいのることにしました。すると、このとき朝廷は、行基に大仏づくりに力をかしてくれるようにたのみました。何万人、何十万人の人手がいる大仏の建立には、人びとにしたわれている行基のたすけがひつようだったのです。

「世のなかの不安をなくするためになら、やりましょう」

行基は快くひきうけ、おおくの信者たちといっしょに銅や木材などの寄付を集め、大きな木材をはこぶための道や橋を作り、力のつづくかぎりはたらきました。

大仏は、およそ10年の月日をかけて、752年にみごとにできあがりました。でも、完成をよろこぶ人びとのなかに、行基のすがたはありませんでした。77歳のときに大僧正の位をさずけられ、大仏が完成するまえに、数えきれない信者のなみだに見送られて81歳の生涯をとじていたのです。

鑑真 (688—763)

　鑑真は、中国から日本へわたってきた名僧です。
　唐の時代の688年に中国東部の揚州で生まれ、14歳のときに僧になると、釈迦が仏につかえるものの心がまえを説いた戒律を学びました。そして50歳をすぎたころには弟子の数が4万人を数えるほどになっていました。
　742年、54歳になっていた鑑真のところへ、日本から仏教の勉強のために中国へきていた、栄叡と普照の、ふたりの僧がたずねてきました。天皇のいいつけで、戒律をふかく学んだ中国の僧を日本へむかえたい、というのです。
　鑑真は弟子たちに、だれか日本へわたってくれるようにたのみました。しかし、海のきけんを恐れた弟子たちは、下をむいたまま、何も答えようとしませんでした。すると、鑑真は、静かに口を開きました。
「仏の教えを広めるのに、自分の命など惜しんではいられない。わたしが、日本へ渡りましょう」
　日本へ行くことを決心した鑑真は、師の勇気にはげまされてお供をねがいでた弟子たちといっしょに、つぎの年から船出のじゅんびを始めました。
　ところが、いよいよ船をだすと、あるときは鑑真が日本へ行ってしまうのを惜しむ役人にじゃまをされ、あるときは強い風におそわれ、さらにあるときは南の島へ流されて、5回も失敗してしまいました。そして、そのあいだにおおくの弟子を亡くし、鑑真も、船がそうなんしたときに塩水が目に入って、目がまったく見えなくなってしまいました。しかし鑑真は、たと

え目は見えなくても、日本へわたる決心をかえませんでした。
　753年、鑑真は、日本からきた遣唐使の船に乗せてもらって、やっと薩摩（鹿児島）へ着きました。それはなんと、日本へ渡るじゅんびを始めてから、11年めのことでした。
　日本の朝廷にあつくむかえられた鑑真は、東大寺へ入り、聖武天皇をはじめ、およそ400人の日本の僧に、仏のいましめをつたえる授戒をしました。
　授戒の定めをつくり、日本の仏教のみだれをなおして、758年には朝廷から、僧としては最高の大和上の位をおくられました。しかし、それから5年ののち、戒律を広めるために建て始めた唐招提寺の完成をまたずに、75歳でこの世を去りました。
　鑑真が日本ですごしたのは、わずかに10年でしたが、そのあいだに日本の仏教の戒律がうちたてられたばかりでなく、おおくの弟子たちによって、仏教芸術が広められました。

阿倍仲麻呂 (698—770)

　日本の朝廷は、630年から894年までの264年間に15回にわたって、中国で栄えていた唐の国へ、使節を送りました。遣唐使です。唐の、進んだ政治のしくみ、学問、文化などを学ばせるために、日本の僧や学生たちを留学させたのです。

　698年に、朝廷につかえる役人の子として生まれた阿倍仲麻呂は、19歳のときに、この遣唐留学生にえらばれて唐へ渡りました。4隻の船に乗った人びとは500人をこえ、吉備真備や僧の玄昉などもいっしょでした。

　仲麻呂や真備が、遠い祖国をしのびながら学ぶうちに16年がすぎ、留学生たちは日本へもどって行きました。でも、そのなかに、仲麻呂のすがたはみあたりませんでした。唐の玄宗皇帝が、別れを惜しんで帰国を許さなかったからです。

　唐に残った仲麻呂は、名を中国ふうに朝衡と改め、長安（いまの西安）の大学を卒業ののち、科挙とよばれた役人になるための最高の試験にも合格して、玄宗につかえました。そして、詩人の李白や王維とまじわりながら、さらに学問を深め、しだいに出世して唐の貴族と肩を並べるほどになりました。

　しかし、日本のことを忘れることはできませんでした。

　752年、真備がふたたび遣唐使として唐へやってきました。そして、仲麻呂と真備は19年ぶりに手をにぎりあい、仲麻呂はやっと帰国が許されて、つぎの年に日本への船に乗ることになりました。玄宗は、すでに54歳にもなった仲麻呂が、なみだを流しながら真備と語りあうのを見て、唐にこれ以上とどめておくのを、かわいそうに思ったのかもしれません。

　　天の原ふりさけ見れば春日なる
　　　　　三笠の山に出でし月かも
　仲麻呂は、唐をはなれるとき、いまも『古今集』に残るこの名句をよんで、日本をなつかしみました。
　ところが、三笠の山にかかる美しい月を見る夢は、かないませんでした。船が沖縄を通過してまもなく大あらしにおそわれ、真備を乗せた船はかろうじて日本へついたのに、仲麻呂の船は鎮南（いまのベトナム）へ流されてしまったのです。
　仲麻呂は、天をあおいで悲しみました。しかし、これも運命とあきらめて、ふたたび玄宗につかえました。そして、770年に、二度と日本の土をふめないまま、72歳の生涯をとじました。仲麻呂は、唐で学んだことを日本へ伝えることはできませんでした。しかし、日本人としてりっぱに生きたことで、日本と唐との親善に大きな役割を果たしました。

吉備真備（695ころ—775）

717年、阿倍仲麻呂といっしょに遣唐船に乗ったときの吉備真備は、仲麻呂よりも少し年上の23歳くらいでした。

「唐でしっかり学んで日本へ帰れば、朝廷につかえて、高い位にのぼることができる」

高い文化が栄える唐の国へ入った真備は、生まれつきの頭のよさのうえに努力をかさねて、あらゆることを学びました。

人と政治の道を説く儒学、ちつじょ正しい国を作るための法律、それに、兵学、天文学、暦学、音楽にまで手をのばし、唐の役人たちをおどろかせました。そして、18年のちの735年に日本へもどったときには、たくさんの書物、めずらしい武器、日時計、楽器などを持ち帰って朝廷へささげ、こんどは日本の役人たちをおどろかせました。

42歳の真備は、役人を養成する大学寮の大学助にとりたてられ、数年のちには、学問を皇女、皇子に教える中宮亮、東宮学士へ、さらに50歳をすぎると都を治める右京大夫へ出世しました。

ところが、まもなく朝廷で公卿の藤原仲麻呂が権力をふるうようになると、真備は、筑前守として北九州へ下らせられ、およそ15年間、九州各地の武人たちに兵学を教えながら、都の文化からはなれてすごさねばなりませんでした。

ただ、このあいだに、こんどは遣唐副使として、ふたたび唐へ渡り、20年ちかくもまえ別れた阿部仲麻呂と会えたことは、しあわせでした。でも、日本へもどるとちゅうに大あらしにあい、いっしょに日本の土をふむはずだった仲麻呂とは、またも、

はなればなれになってしまいました。
　764年、真備は造東大寺長官を命じられて、やっと奈良の都へ帰りました。そして、まもなく反乱を起こした藤原仲麻呂がほろびると、中納言から大納言へ、さらには、天皇を助けて国の政治をおこなう右大臣の位までのぼり、775年に亡くなりました。政治家になった真備は、わがままな権力をふるうようなことはなく、いつも、貧しい農民たちのことを心配したといわれています。
　694年ころ、備中国（岡山県）の豪族の子に生まれた真備は、若いころから学問で身をたて、奈良時代の最高の知識人とたたえられるほどになりました。それは、長いあいだ、唐の国でさまざまなことを学ぶことができたからです。
　このころの日本が、中国に栄えた隋や唐などから教えられたことの大きさは、はかりしれません。

聖武天皇 (701—756)

造り始めて、およそ10年の歳月をかけて完成した、高さ約16メートルの大仏像。752年4月9日、大和国(奈良県)平城京の東大寺で、その仏像に目を入れる開眼供養の式がおこなわれ、のちに奈良の大仏としてしたしまれるようになった仏像が誕生しました。

聖武天皇は、この大仏を造った、奈良時代の天皇です。

701年に、文武天皇の第1皇子として生まれた聖武天皇は、わずか6歳で父に死に別れ、そののちの少年時代は、父のあとをついだ祖母の元明天皇と、さらにそのあとをついだ伯母の元正天皇にみまもられながら育ちました。

儒教など中国の学問を学び、仏教を深く信仰して成長した聖武天皇は、23歳で、第45代に数えられる天皇の位につきました。

ところが、天皇になって数年のちから、さまざまなことが、次からつぎに起こりました。

生まれた皇子が満1歳にもならずに死に、朝廷のなかでは皇族と藤原氏との権力争いが絶えず、九州から流行しはじめたおそろしい天然痘が国じゅうに広まりました。そのうえ、各地でききんや洪水がつづき、さらには、聖武天皇のいとこの藤原広嗣が朝廷に対して反乱を起こしたのです。

天皇は、広嗣の反乱を知ると、それから5年のあいだ平城京をはなれ、都を、山城(京都)の恭仁、近江(滋賀)の紫香楽、摂津(大阪)の難波と移しながら、仏の力にすがることを考えて全国に国分寺を建てることを命じました。

しかし、国の役所がおかれている国府に、ひとつずつ国分寺

を建てることは、なかなかはかどりませんでした。そこで743年に新たに命令をだしたのが、東大寺大仏の建立です。
　大仏造りは、僧の行基や豪族たちに協力を求め、10年間に合計200万人をこえる人びとがかりだされて進められました。しかし、聖武天皇は、いろいろな不安のあまりに40歳のころから病気がちになり、大仏が完成したときには、天皇の位を孝謙天皇にゆずって上皇となっていました。
　大仏開眼の式を終えたとき、上皇は、どれほどうれしかったかしれません。でも、754年に中国から日本へわたってきた僧の鑑真に教えを受けたのち、大仏開眼から4年ごに55歳で亡くなってしまいました。国分寺と大仏建立にささげた生涯でした。
　大仏開眼供養のときに供えられた山のような宝物や、聖武天皇の身のまわりにあった道具などは、東大寺大仏殿の近くの松林にある正倉院に、おさめられています。

「読書の手びき」

聖徳太子

4世紀の初めころから645年に大化の改新が始まるまでの、日本の国の政府を、大和朝廷とよびます。3世紀末ころまでの日本は、まだ国が1つにまとまらず、豪族ごとの小さな国が分立していましたが、4世紀以降、大和国（奈良県）を中心に諸豪族が連合して、天皇を中心にした統一国家的な機構をつくりあげていったのです。この時代は天皇を大王（おおきみ）とよんでいました。天皇（すめらみこと）という称号が用いられるようになったのは、聖徳太子が生きた推古天皇のころからだとされています。したがって、推古天皇の摂政として国の政治をおこなった太子は、大和朝廷の最後の時代に、大化の改新によって新しい律令制国家が生まれる基礎をつくりあげた人だ、ということができます。律令というのは、法律のことです。太子の、十七条憲法の制定、遣隋使の派遣による大陸文化の導入、仏教の奨励による人心の安定などがなければ、大化の改新も実現しなかったかもしれません。ここに、太子の名が日本史に大きく残るゆえんがあります。横暴な義理の父の蘇我馬子をおさえて思いどおりの政治を進めることは、人間としてもたいへんだったはずです。馬子と強く衝突せずにすんだのは、太子が、すぐれた人物であったうえに仏教を正しく信仰していたからではないでしょうか。太子を超人間として伝える伝説には、いつわりが少なくないようです。しかし、30年たらずで成し遂げた業績をみると、偉大というほかありません。

中大兄皇子

中大兄皇子は、聖徳太子がきずいたものを受けついで、大化の改新を推進しました。その目標は、官人によって組織された中央集権国家の建設、律令制によってすべての土地と人を天皇が支配する政治体制の確立でした。それは、いわば1つの大きな政治改革であり、歴史的な意